@ 5/-

Zwischen Strohm und Weydenbusch

Geschichten aus dem Amte Friedland

Geschichten aus dem Amte Friedland

Erdmute Rudolf

1. Auflage 1995

Fördergesellschaft
Albrecht Daniel Thaer

Inhalt

Ein Wort zuvor	5
Begleitende Worte	7
Der Trebbinsche Freifleck	9
Die Fischer auf dem Burgwall werden zu Ackerbauern	17
Frohe Feste in den Bruchdörfern	21
Der Dammkrug zwischen Kunersdorf und Neutrebbin	23
Arbeitsalltag bei Helene Charlotte von Friedland	27
Streitigkeiten der Kolonisten von Wuschewier und Sietzing mit der Frau von Friedland	31
Die Altfriedländer und die Pappelbäume	36
Bildteil	41
Quellennachweis	69
Personenregister	69
Worterklärung	70
Bildnachweis	71
Impressum	72

Ein Wort zuvor

Längst vergessen sind die Sorgen und Nöte, die Hoffnungen und Enttäuschungen, denen die Oderbrücher vor zwei Jahrhunderten ausgesetzt waren. Ihr Alltagsleben hat sich mit der Zeit gewandelt, so wie die Generationen kamen und gingen. In Sagen und Märchen aber, in den Geschichten, die mündlich überliefert und dann Eingang in die Heimatliteratur gefunden haben, lebt die Erinnerung an jene Zeit fort.

In dem vorliegenden Büchlein stellt Erdmute Rudolf einige Geschichten vor. Sie lassen uns in den Alltag von Menschen schauen, deren Namen längst verklungen sind, deren Taten aber in der Oderbruchlandschaft fortwirken.

Das Oderbruch, der Urtyp aller friderizianischen Kolonisationsgebiete im alten Preußen, verdankt sein Aussehen ganz wesentlich der Trockenlegung und der nachfolgenden Besiedlung im 18. Jahrhundert. Das Leben hier ist nur im Schutze von starken Deichen möglich. Sie halten den 20 Kilometer langen Kanal von Güstebiese bis Hohensaaten am Ostrand des Bruches fest, der der Oder einen schnelleren Abfluß verschafft. Ihn zu graben war das Werk vieler Unbekannter. Sie haben mit ihrer Hände Arbeit überhaupt erst die Voraussetzungen für den Ackerbau im Oderbruch geschaffen, der seitdem die traditionelle Fischerei mehr und mehr abgelöst hat. All das geschah auf Anordnung König Friedrichs des Großen, der die Vorfahren der heutigen Oderbrücher vor fast 250 Jahren in das Bruch holte. Man hat ihm einige Denkmäler gesetzt, die von Verehrung, Ehrfurcht und preußischer Untertanentreue künden. Daraus erwuchs aber auch das starke Motiv, stets mit aller Kraft für den Schutz der Landschaft einzutreten und das Geschaffene unter allen Umständen zu bewahren.

Bild 1:
Friedrich der II. begutachtet den Bau des neuen Oderbetts.

Bald nach dem Zusammenbruch der DDR hat man die Friedrich-Denkmäler in Letschin und Neutrebbin wieder aufgestellt.

So wie diese Denkmäler an einen großen König erinnern, halten die historischen Stätten in Kunersdorf und Möglin die Erinnerung an zwei überregional bedeutende Pioniere des landwirtschaftlichen Fortschritts wach: Helene Charlotte von Friedland und Albrecht Daniel Thaer. Sie haben mit ihrem Geist und ihrem Forscherdrang den Weg zur modernen Landwirtschaft gewiesen und auf die Großen ihrer Zeit, nicht zuletzt aber auch auf die Bauern und „kleinen Leute" im Oderbruch einen tiefen Eindruck hinterlassen.

Die nachfolgenden Geschichten geben Einlicke in den Alltag all dieser Menschen, deren Denken und Fühlen sich uns heute nur noch aus solchen Quellen erschließt.

Dr. Reinhard Schmook,
Wriezen an der Oder, im Januar 1995

Begleitende Worte

Die sieben Geschichten handeln von der Gegend zwischen Wriezen und Altfriedland. Aus einer Zeitspanne von 1720 bis 1880 werden Alltagsbegebenheiten nachgezeichnet. Die Quellen dafür liegen in Brandenburgischen Archiven und sind jedermann zugänglich. Allerdings sind alte Akten schwierig zu lesen und die richtige Sinndeutung ist auch nicht ganz einfach. In diesen alten Blättern hat mich das am stärksten beeindruckt, was ich zu den Schilderungen der Lebens- und Rechtsverhältnisse der einfachen Menschen gefunden habe. Diese Schriftinhalte sind eingebunden in das Preußische Staats- und Verwaltungssystem der damaligen Zeit. Manches ist auch nur dadurch auf uns überkommen, weil Preußen so eine akkurate Verwaltung betrieben hat. Davon wollte ich gern einiges für heutige Leser übersetzen und aufschreiben. Mir sind gewiß auch Fehler unterlaufen, über Anregungen zur Korrektur würde ich mich freuen. Es wäre schön, wenn über manche Dinge auch ein Schmunzeln aufkäme.

Daß dieses Buch jetzt erscheinen konnte, ist der Fördergesellschaft Albrecht Daniel Thaer in Möglin zu verdanken, die im Rahmen ihrer Ausstellung und in verschiedenen Veröffentlichungen auch bedeutende Persönlichkeiten aus dem Umfeld Thaers würdigt. Zwischen Möglin und Kunersdorf bestanden vielfältige Beziehungen. Sie fanden in dem regen nachbarschaftlichen Austausch zwischen Frau von Friedland und ihrer Familie mit Thaer ihren Ausdruck. So ergänzt dieser kleine Band auch das Anliegen der Fördergesellschaft A. D. Thaer. Ich bedanke mich deshalb für deren Unterstützung. Besonderer Dank gilt dem Ministerium für Ernährung, Landwirtschaft und Forsten des Landes Brandenburg sowie den genutzten Archiven und dem Oderlandmuseum Bad Freienwalde.

Erdmute Rudolf
Kunersdorf im Januar 1995

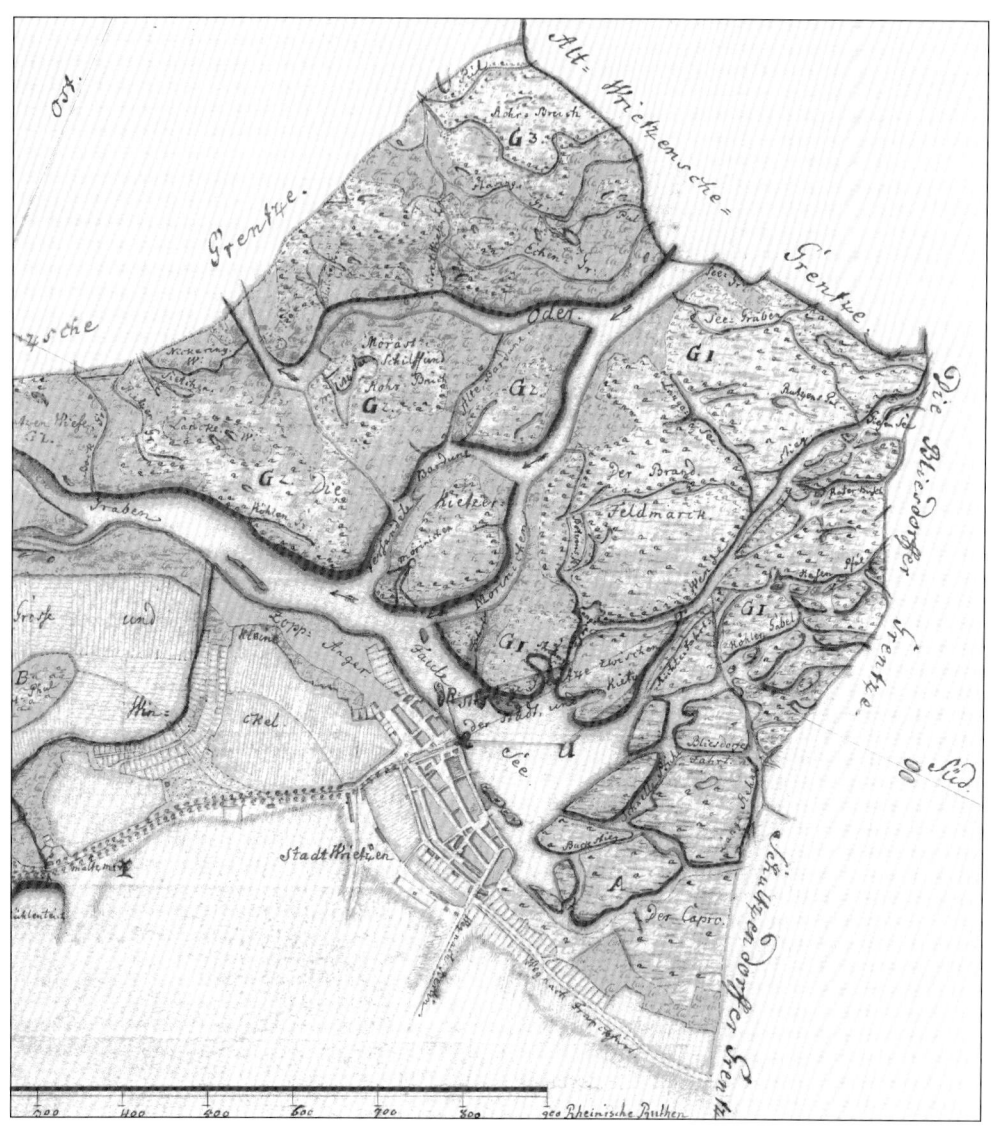

Bild 2:
Das Wriezener Bruch vor der Meltoration.

Der Trebbinsche Freifleck

Diese Geschichte berichtet aus einer Zeit, als in hiesiger Gegend noch das Wasser der Oder unmittelbar das Leben bestimmte. Sie beginnt etwa um das Jahr 1720. Das Brandenburgische Preußen befand sich am Beginn seines Aufschwungs. Es regierte der Soldatenkönig Friedrich Wilhelm der Erste. Zum Schluß dieser Erzählung, um 1750 hatte Friedrich der Zweite die Geschicke Preußens in der Hand.

Im oberen Oderbruch waren Anfänge von Hochwasserschutzbauten schon im Mittelalter entstanden. Neuere Deiche schützten seit 1717 das Land zwischen Lebus und Zellin. Aber im niederen Oderbruch überflutete das jährliche Winterhochwasser zumindest die tiefer gelegenen Gemarkungen. Auch das Johannihochwasser im Frühsommer richtete häufig erheblichen Schaden an. Die Stadt Wriezen war so hoch über dem Wasser erbaut, daß die Fluten sie nicht gefährden konnten, aber nach Norden, Osten und Süden lagen offene Wasserflächen. Der Kapro war ein beachtlicher See, heute befinden sich dort die Betriebsanlagen der Bahn und Gärten mit Grünland, die durch ein Schöpfwerk entwässert werden.

Die Wriezener Faule See war größer als der Kapro und zog sich zu der damals den Hauptstrom führenden Alten Oder hin. Ein weiteres Wasser- und Seengebiet lag zwischen Altbarnim und Bliesdorf, zwischen dem Friedländer Strom und der Volzine: die Trebbinsche See. Während des Winterhochwassers ragten hier nur die Orte Altbarnim, Alttrebbin, der Trebbinsche Burgwall, Altbliesdorf und am Rande der Höhe Kunersdorf, Metzdorf und Altfriedland über den Wasserspiegel hinaus.

Dieses Land war über Jahrhunderte ein Reich der Fischer. Das allgemeine Transportmittel war der Kahn. Netze, Reusen, Bolljacken, Hieb- und Stichwerkzeuge gehörten zur alltäglichen Ausrüstung der Bewohner. Sie lebten natürlich nicht nur vom Fisch, sie benötigten auch Brot, Milch, Butter und etwas Fleisch. Also mußte ein kleiner Acker um das Fischerhaus auf dem Rähn oder auf dem Werder angelegt und erhalten werden. Es wird von

Dämmen aus Astwerk und Kuhmist berichtet, die diese Anlagen schützten.

Eine Kuh und das übrige Vieh brauchten über das ganze Jahr ausreichend Futter. Im Frühjahr und Sommer war frisches Gras und Rohr zu finden. Aber das Heu als Winterfutter reichte meistens nicht aus. Der vorhandene natürliche Grasbestand brachte auf den etwas höher liegenden Flächen nur Weidefutter. Dort, wo reichlicher Futteraufwuchs das Heuen lohnte, wurde dieses nur selten trocken. Die ertragreichen Mielitzwiesen waren meistens naß und kaum befahrbar. Manche Familien hatten das Futter vor der Tür, andere mußten weit danach fahren. Die Möglichkeiten der Ackernutzung waren nicht nur von der Überflutungsgefahr abhängig, sondern weit mehr noch von der Verteilung der Besitzrechte. Daraus entstanden Konflikte, die einer Regelung bedurften. Die Brandenburger Markgrafen hatten diese schon getroffen, bevor es den Preußischen Staat gab. Bis zum Ende des achtzehnten Jahrhunderts war die feste Einteilung der Gemarkungen in Holzungen, Feldfluren und Weideland Grundlage des ländlichen Wirtschaftens. In diesem Rahmen war die Gemeindeweide die festgelegte Futterfläche, denn es gab noch keinen nennenswerten Ackerfutterbau. Pferde, Rinder und Schafe mußten sich auf dieser Gemeinschaftsweide ernähren, auch Schweine wurden zwischendurch aufgetrieben. Das Weiderecht stand der Grundherrschaft ebenso zu wie den Bauern und Untertanen.

Im Oderbruch gab es keine zusammenhängende Feldflur, dennoch wurde versucht, den Grundsatz gemeinschaftlicher Futterwirtschaft zu wahren. Im Amt Friedland gab es dafür einen Freifleck, die sogenannte Trebbinsche Gerechtigkeit. Einige Schriften bezeichnen ihn auch als *„die Freyheit oder die seelige Freyheit"*. Auf dieser Fläche, die in einer Größe von 615 Morgen im Oderbruch gelegen war, konnten die Anwohner gleichberechtigt den Futterbedarf decken. Dieses Recht stand dem markgräflichen Patron ebenso zu, wie jedem Fischer oder Bauern, sei er frei oder untertan. Von dem *„Wiesewachs"* konnte jeder nach Bedarf Frischfutter ernten oder bei geeigneter Witterung auch Heu einbringen. Das wildwachsende Weidengebüsch durfte regelmäßig abgehauen werden und galt als willkommenes Brennmaterial. Ein Rohrzehnt wurde für alle diese Nutzungsarten erhoben, galt aber in seiner Höhe als angemessen. Bei einer geringen Siedlungsdichte und Viehhaltung genügte eine solche Regelung für alle Beteiligten, aber nach 1720 änderte sich das.

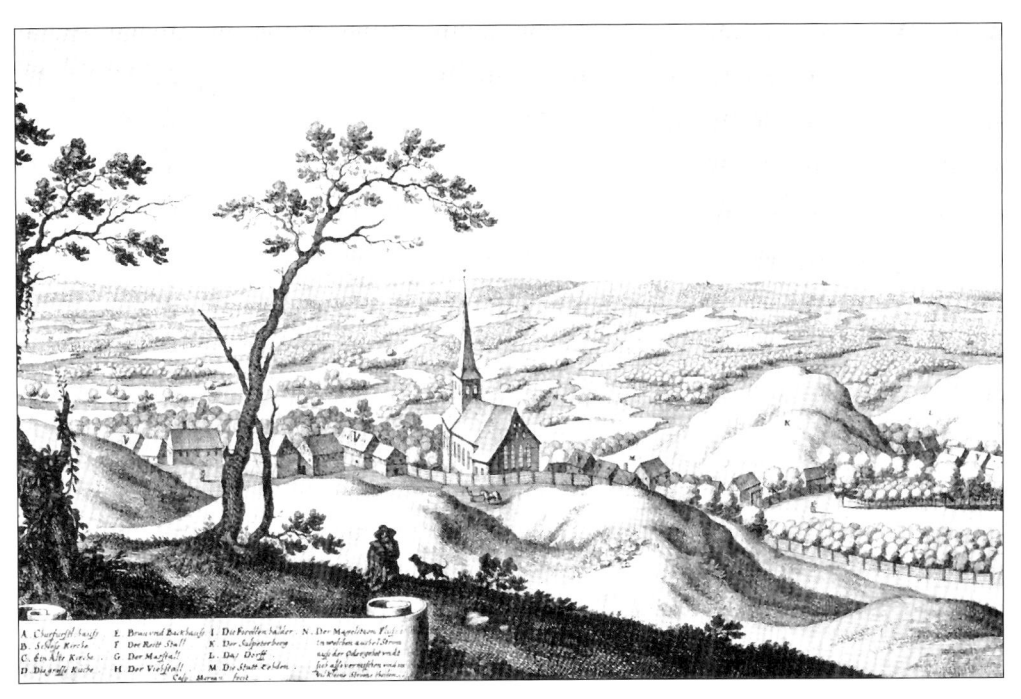

Bild 3:
Das von vielen Oderarmen durchzogene Zehdener Bruch.

Friedrich Wilhelm der Erste, der Soldatenkönig, baute seine Militärstärke auf. Sparsam in jeder Hinsicht, war er auf die Festigung des noch jungen Preußenstaates bedacht. Er brauchte Soldaten, also viele Menschen in seinem Land und für diese ausreichend Nahrungsmittel. Das Militär erforderte viele Pferde, die Futter benötigten. Diese Vorhaben ließen sich nur dadurch verwirklichen, daß solche Ländereien, wie Rhin- und Havelluch und das fruchtbare Oderbruch durch Ackerwirtschaft intensiver genutzt wurden.

Um nun den hier gelegenen Trebbinschen Freifleck zur besseren Beweidung durch Mastvieh nutzen zu können, wollte die Herrschaft diesen schon vor der großen Trockenlegung kultivieren lassen.

Mit *„Genehmhaltung der Obrigkeit"* wurde der Freifleck in drei Teile separiert: ein Teil dem Amte, ein Teil der Bauerngemeinde, ein Teil ferner zur gemeinsamen Hütung. Damit stand nun den Untertanen, den Fischern und Kossäten praktisch nur noch der Gemeindeanteil an einem Drittel der Weidefläche zur Verfügung. Sie legten gegen diese Regelung Protest ein, denn der Friedländische Amtmann begann sogleich damit, auf dem ganzen Freifleck Grasland und Buschland urbar zu machen. Es wurden Gräben angelegt, Weidenbusch gerodet und neue Weidefläche geschaffen. Die Möglichkeiten zur Futter- und Heuernte wurden dadurch immer mehr eingeschränkt. Über die neuen Gräben zum Heuschlag zu kommen, war den Untertanen unmöglich, weil keine Brücken vorhanden waren. Die fehlenden Brücken wurden für die Folgezeit zu einem ernsthaften Problem.

Auf die neu geschaffenen Weideflächen wurde über kurz oder lang das Vieh des Amtmannes aufgetrieben ohne Rücksicht darauf, daß den Untertanen das gleiche Recht zustände. Es gab Streitigkeiten, die beglichen werden mußten. Durch die Amtsobrigkeit wurden jetzt die Fischer und Büdner einer zu hohen Viehhaltung beschuldigt. Ihnen wurde gerichtlich neu festgesetzt, wieviel Vieh sie halten durften. Die Einhaltung wurde streng kontrolliert. Alte Festlegungen von Rechten und Pflichten wurden 1727 für Quappendorf, Quilitz, Barnim und sämtliche Amtsdörfer neu bestimmt: *„- die Dienste auf besseren Fuß und gewisse Maß zu setzen,*
- die Altsitzer nach dem königlichen Dienstreglement zum Dienst anzuhalten ...
- damit niemand sich zu Unrecht beschwehren dürfe."
Dazu folgt die Aufzählung dieser Dienste nach dem Altfriedländisch-Roebelschen Untertanenbuche von 1692:
„Ihrer (der Bauern, E. R.) ordinäre Dienste seyn wöchentlich von Michaelis bis Johannis drey Tage mit der Anspannung und von Johannis bis Michaelis vier Tage wöchentlich sonder einziger Speisung und Getränk. Von Sonnen-auf-bis deren untergang; des mittags aber haben sie frey ein paar Stunden lang die Pferde zu futtern. Im Winter aber, da die Tage kurtz, darf der Mittag auch so lange nicht gehalten werden. Wann sie Reisen (Fuhrdienst über Land, E. R.) fahren müssen, rechnen sie vor solche Tage so viel ab, als Tage sie von Hause seyn, die Nächte aber werden nicht gerechnet, bey solchen reisen müssen die Paur ihr eigen Futter und Speisung mitnehmen und darf ihnen die Obrigkeit nichts dazugeben. Die wöchentlichen Dienste seyn nicht auf gewiße Tage gesetzt, sondern welchen Tag sie zu dienen verlanget werden müssen sie sichs gefallen lassen. Bey Rei-

sen seyn die Bauern schuldig, dahin zu fahren, wohin sie befohlen werden, sondern Widerrede ... auch müssen die Cossäthen auf denen Wassern fahren und auch reisen, ob es gleich außer Landes sey ... Die zehn Fischer tun sonst eben die Dienste außer daß sie noch der Obrigkeit einen Hund (Schute oder großer Kahn, E. R.) oder alle zusammen ein groß Schiff halten, und damit zu Wasser wohin es verlanget, bey ihrer eigenen Kost reisen müssen, auch außer landes nach Stettin oder wohin man es zu verrichten hat."

Die Untertanen versuchten, gegen die Bedrückungen, anzugehen, die jetzt immer härter wurden. Dazu liegt ein Brief der Bauern, Kossäten und Fischer im Orginal vor, der 1739 an die Herschaft geschrieben wurde. Für dieses Anliegen einen schreibkundigen, verständnisvollen Vertreter zu finden, war dabei sicher auch kein geringes Problem. Um so mehr ist die folgende Schrift eine anschauliche Schilderung der Alltagssorgen von damals:

„Hochwürdigster durchlauchtigster Marggaf, gnädigster Fürst und Herr Euer königliche Hoheit wollen unß Friedländische Unterthanen in hohen Gnaden ansehen und erlauben, daß wir unser Anliegen und große Noth in tiefster Unterthänigkeit entdecken dürfen.

Es haben bereits vor alters unsere Vorfahren unsere wenige Freyheit ohn einzigen Anstoß und Hinderniß genutzet, so daß uns von der damaligen Herrschaft nicht der geringste Schaden oder Abbruch darinn geschehen; aber vor etlichen Jahren, hat der damalige Herr Oberamtmann Busse den Anfang gemacht und uns suchen, die Freyheit abzumassen, daß nunmehr wo jetziger Herr Amtmann darinnen geräumet, gemähet und mit den Mastochsen und Kühen alles übertrieben, daß die Rohrhörste ganz und gar vergangen und verwüstet sind, davor wir Unterthanen doch jährlich ein gewissen Rohrzehnt entrichten ...
der eine Rohrhorst ist gantz geräumet und zur Wiesen gemacht und im Felde dürfen wir fast kein Schwein mehr treiben ohne Widerwärtigkeit.

Waß uns 4 Bauern betrifft, so wird mit dem Reisefahren keine Ordnung mehr gehalten, wir müssen Woche um Woche aus auf Reisen liegen und viele Unkosten draufwenden, daß wir nicht mehr wissen, wo wir alles Reisegeld hernehmen sollen und die Metzdorffischen Bauern können deshalb verschonet bleiben. Wir Fischer und Cossäthen werden nicht weniger mit den großen Schiffs gequälet und so mitgenommen, daß wir fast keinen

Dienstboten mehr bekommen können, indem sich das Gesinde auf solch beladenes Schiff fast krank und ungesund schleppen und trecken muß und wir armen Leute wissen nicht, wo wir alles Proviant und Reisegeld zuweilen auf 8-14 Tage schaffen sollen. Die Ringenwaldischen und Metzdorfischen hingegen sind davon befreit, daher müssen wir woll verarmen und untergehen, wann die Nahrung und Weyde noch dazu geschwächt und die Dienste und Unpflichte von Tag zu Tag schwerer gemacht worden. Dannenhero haben wir in höchstdringender Noth Euer königl. Hoheit hiermit fußfällig und in tiefster Unterthänigkeit bitten wollen: Sie gereichen gnädigst uns arme Leute unter die Arme zu greifen und belieben doch in hohen Gnaden zu erwägen ob wir woll bey obigen Umständen in Ansehung der ohndem so schlechten Nahrung bestehen und zurechtekommen können.

Bitten demnach nochmals allerunterthänigst, gehorsamst, Euer königl. Hoheit möchten uns gnädigst Verordnung erteilen, daß uns unsere Weyde und Freyheit nach wie vor gelassen, daß das Geräumte am Hörstchen wieder abgetreten werden möge und daß uns Bauren wegen des oft- und vielfältigen Reise-Fahrens, sonderlich auch uns Fischer und Cossäthen wegen des großen Schiffs einige Gnade und Erleichterung widerfahren möge, damit uns die Metzdörfer und andere hierbey zu Hülfe kommen müssen-widrigenfalls wir solches unmöglich länger aushalten können-übrigens getrösten wir uns desfalls gnädigster Erhörung ersterben Euer königl. Hoheit unterthänigste-gehorsamste sämtliche Gemeinde und Unterthanen daselbst Friedland 27 April 1739"

Der Amtmann Jaeckel, der damals die Amtsobrigkeit zu vertreten hatte, war dadurch in eine fatale Lage geraten. Die Vorwürfe der Untertanen betrafen offensichtlich reale Zustände. Die bisherigen Lasten, die sie zu tragen hatten, verschlimmerten sich. Die Leute wurden unruhig. Jaeckel versuchte das Vorgehen der Untertanen durchweg als kriminell darzustellen, seine eigene Handlungsweise damit entschuldigend. Aus dem Freifleck hatte der Wasserschulze Falmer mehrere Kähne Gras geholt. Dieser Altfriedländer war der Vorsteher der wendischen Kietzfischer, die nach dem alten Friedländischen Stadtrecht ihren Rechtsstand bewahrt hatten. Falmer hatte den besonderen Notstand öffentlich dargestellt und aus seiner Futterholerei keinen Hehl gemacht. Jaeckel hatte ihn daraufhin verwarnt. Als deutliches Zeichen hat Falmer nochmals, *„gemeinsam und gewaltsam"* mehrere Kahnladungen Gras geholt. Obwohl der Freifleck allen gemeinsam gehörte, wurden die Untertanen verklagt. Nochmals 1739 wandten sie sich daraufhin an die zweite Instanz. Unter anderem stand hier als Forderung zu lesen: *"Soll Eure Königliche Hoheit unterthänigst angefraget werden, den bißherigen jährlichen Rohrzins der Gemeinde allhier zu erlassen ... bei Wasserjahren ist erlaubet, das Gras sowohl der Herrschaft als auch denen Unterthanen soviel jedes Teil nötig hat, zu Schiffe holen zu können."*

Diesen Antrag hat auf Druck der Gemeinde auch der Amtmann Jaeckel unterzeichnet. Bezeugt haben den Antrag die Altfriedländer Christian Räcke, der damals Landschulze war, sowie Martin Fiddeke, Gottlieb Koppe, Michel Schirrmeister, Jürgen Andreß, Martin Räcke, Martin Finke, Martin Fischer, Martin Rade, Christoph Donath, George Liehnow, Christian Schirrmeister.

Der Antrag wurde in Berlin abgewiesen, aber im Folgejahr kam ein mit vier Unterschriften versehener Brief aus der Domänenkammer, in dem Jaeckel aufgefordert wurde, auf die Beschwerden der Untertanen mit gehöriger Resolution zu antworten *"im übrigen aber seinerseits wegen des Tabackpflanzens solche Veranstaltung zu machen, daß vermeldte Unterthanen fernerhin keine Ursach zur Klage haben mögen"*. In Preußen wurde mittlerweile auch Tabak angebaut, der für die Staatskasse von Bedeutung sein sollte. In Altfriedland wurde also seit dieser Zeit, über 250 Jahre Tabakanbau betrieben. Aus dem Brief der Berliner Kammer wurde deutlich, daß auf die *"Tabackplanteurs"* besondere Rücksicht zu nehmen sei.

Trotzdem ging wegen des Futters aus dem Freifleck die Streiterei noch nicht zu Ende. Auch die übrigen Ungerechtigkeiten mit den Fuhrleistungen zu Land und zu Wasser kamen immer wieder zur Sprache. 1746 hatte Amtmann Jaeckel wieder so arge Schwierigkeiten mit den Untertanen, daß der Landrat Hennig von Barfuß kommen mußte, um den Leuten die Separation des Freiflecks in drei Teile zu erläutern und zu begründen. Der Amtmann wollte zur Verhinderung einer Rebellion keinerlei Frevel gestatten. Von beiden Seiten hagelte es Angriffe und Beschuldigungen. Inzwischen war Gottlieb Koppe in Altfriedland Landschulze, also Vorsteher der Bauerngemeinde geworden. Wasserschulze und Landschulze vertraten weiter nachdrücklich die aufgestellten Forderungen, die sie mit ihrer Handlungsweise deutlich gemacht hatten. Dagegen wurde von Amtes wegen nun der Antrag auf Gefängnisstrafe für Falmer und Koppe gestellt. Daraufhin erschien der Landschulze mit Martin Räcke und Peter

Koppe vor Gericht und erklärte die Ursachen der entstandenen Probleme: Als die von Roebel nach der Säkularisierung des Klosters auf Altfriedland wirtschafteten, hatten alle noch genügend Weide und Futter. Alle stellten gemeinsam einen Hirten. Erst als unter Markgraf Carl die Amtmänner eingesetzt wurden, bestellten diese für ihr Vieh gesonderte Hüteleute und trieben immer mehr Masttiere auf den Freifleck. Außerdem nahmen die Schäferei und die Ochsenmast zu. Die Herrschaft hatte im Freifleck früher nicht das Geringste verlangt. Sie holte kein Gras aus den Wiesen und kein Holz aus dem Weidenbusch. Alles hätte der Gemeinde zugestanden. Jetzt aber würden immer mehr Marschpferde, Kriegsfuhren und Kavalleriegelder gebraucht. Beide Seiten, die Amtsleute und auch die Bauern wären jetzt so im Zwange, daß sie alle nicht aus noch ein wüßten. Jaeckel müßte die Abgaben an das Militär aufbringen und den Bauern würde die gemeinsame Futterquelle genommen.

Koppe betonte vor Gericht, daß die Bauern nicht die Absicht gehabt hätten, als Denunzianten aufzutreten, sondern sie wollten sich endlich Gehör verschaffen, daß jeder seine Nöte sagen könnte. Sie alle wollten sich auch die Ausdrücke Flegels und Ochsenköpfe vom Amtmann gefallen lassen, aber auf ihrem Recht wollten sie bestehen bleiben.

Man möchte meinen, daß hier Gerechtigkeitssinn zum Zuge gekommen wäre, zumal in der Berliner Krieges- und Domänenkammer das Friederizianische Vorhaben der neuen Oderbruchmelioration schon verabschiedet wurde. Es war fest geplant, unter Einbeziehung der Einwohner in wenigen Jahren eine gänzlich andere Landbewirtschaftung einzuführen.

Aber weit gefehlt. Im Verlauf der jahrelangen Gerichtsprozesse hatte der Wasserschulze Falmer schon eine Gefängnisstrafe absitzen müssen. Zum Schluß ging das Gericht in Berlin nun gegen beide Schulzen aus Altfriedland streng vor. In einer sehr dicken Verhandlungsakte wurde 1748 von einem Herrn Bismarck folgende Anordnung unterzeichnet:
Das Urteil gegen den Landschulzen Koppe und den Wasserschulzen Falmer sei zu vollstrecken und die Gutachterkosten für den Kriminalsenat seien beizutreiben.

Die Höhe der Strafe war trotz des Umfangs der Akte oder auch wegen desselben nicht klar auszumachen. Bleibt vielleicht doch noch offen, ob das Urteil später kassiert wurde, weil die Zeitentwicklung über den Sachverhalt hinweggegangen war.

Die Fischer auf dem Burgwall
werden zu Ackerbauern

Der Burgwall, östlich von Kunersdorf und Metzdorf gelegen, war immer ein Grenzort. Die Menschen der Gegenwart finden an diesem Ort Spuren einer Kultur, die jetzt eintausend Jahre zurück liegt. Kleinste Scherbenreste, die heute beim Pflügen, Grubbern oder Eggen sichtbar werden, künden mit ihrem keramischen Zierrat von der Kultur der Wenden, die hier um 900 unserer Zeitrechnung lebten. Diese Insel lag immer an einem Flußarm der Oder, der sie vom Umland trennte. Der Verlauf des Hauptoderstromes hat mit dem Abschmelzen des nordischen Eises ähnlich oft gewechselt, wie die politischen Grenzen in diesem Raum. Auch die kleineren Grenzen spielten eine Rolle auf dem Burgwall. So hat der Friedländer Strom noch bis 1993 die Landkreise Seelow und Bad Freienwalde getrennt.

Aber es soll aus den Zeiten berichtet werden, die durch die bedeutendste Melioration des Oderbruches geprägt wurden. Diese Zeit änderte hierzulande die Lebensverhältnisse der Menschen in einem Ausmaß, das kaum vorstellbar ist. Wieviele Steine erst aus dem Wege geräumt werden mußten, ehe die Trockenlegung des Bruches als gut und nützlich anerkannt wurde, das verdeutlichen historische Berichte über diese Zeit auf dem Burgwall.

Mit der Errichtung der Kolonistenetablissements ab 1753 wurde der Burgwall in einen friedländischen Teil, der dem Adel verblieb und einen Teil, *"so dem Dorfe Trebbin zugehörig"* abgegrenzt. Beide Teile wurden von Fischern bewohnt. Die Vorfahren der Familie Wegener, die heute noch dort wohnt, gab es damals schon als Fischerfamilie.

Der Arbeitsalltag der Fischer begann mit dem Ausbringen der Reusen, Treibnetze und Bolljacken im Friedländer Strom. Staknetze, Stoß- und Fallsäcke wurden im Flachwasser verwendet. Das Material für all das Garn war damals nicht so dauerhaft wie heute, so daß das Ausflicken, Ausrichten und Vertäuen ständige Arbeiten waren. Räumen, Krauten und Freihalten des Stromes von schädlichem Bewuchs und von Unrat waren Pflichtaufgaben, die zur Fischereigerechtigkeit gehörten. Wenn es möglich war, wurden diese Arbeiten vom Kahn aus verrichtet. Häufig mußten aber die Fischer stundenlag im Wasser waten, was ganz gewiß der Gicht und dem Rheuma dienlich war. Wathosen und Gummistiefel gab es damals nicht.

Den Fisch an Land zu bringen, das war damals so wie heute eine schwere Arbeit. Aber sie brachte den Ertrag, der manchmal so reichlich gewesen sein muß, daß er kaum zu verarbeiten war. So wurden die fetten Quappen, die nicht alle gegessen werden konnten, ausgenommen und an der Luft getrocknet. Sie dienten dann als Kienspan und zum Feuermachen. Der Speisefisch mußte sortiert, gereinigt und aufbereitet werden. Solche Arbeiten waren den Frauen vorbehalten. Der Verkauf war Sache der Mannsleute, denn der Fisch wurde per Kahn nach Wriezen zum Markt gebracht. Nach manchen Schilderungen müssen die Kähne oft so voll gewesen sein, daß sie fast am Sinken waren.

Der Fisch stellte das wichtigste Nahrungsmittel im Bruch dar. Der Fischkessel war neben dem Wasserkessel das wichtigste Behältnis im Haushalt. In der Schwarzen Küche hing er fast immer über dem offenen Herdfeuer. Fischsuppe hatte man vom feinsten Fisch ebenso wie von den Resten der Marktzubereitung. Alle Zeit war dieser Überfluß wohl nicht vorhanden. Die Fischerfamilien hatten auch schwere Zeiten durchzustehen. Das große Oderhochwasser, das vor der Trockenlegung häufig das Bruch überschwemmte, brachte viele Mühen mit sich. 1735 hatte ein besonders schlimmes Hochwasser auch die höher gelegenen Gehöfte überflutet.

1749 wurde der Burgwall so geschildert:

„... er hat einige Winkels mit Werft und Elsen auffs Metzdorfsche, an der Bliesdorfschen Wiese und am Friedländer Strohm so weit wie möglich zum Heuschlag genutzet, wann nehmlich das Wasser solche nicht überschwemmt hat ... dazu gehört eine neben dem Wall befindliche Schilflache von 15 kleine Morgen, die selten trocken wird".

Die Fischerfamilien hatten wohl auch Schwierigkeiten damit, zu jeder Zeit ihre Insel erreichbar zu halten. Deshalb gab es die Forderung, daß *„der Wall darum conservieret werden muß, damit die avenue zum Borgwall vor die Wellen in Sicherheit gesetzt werde ..."*

Zur gleichen Zeit begann die *„Abgrabung"* oder die *„Bewallung"* der Oder. Damit brach die bisherige Fischereigerechtigkeit zusammen. Der Fisch wurde knapp. Es häuften sich die Klagen und bösen Prophezeihungen, auch manche kenntnisreichen Ökonomen sahen schwarz. Der Amtmann Jaeckel auf Altfriedland beschwor den gegenwärtigen Stand und meinte, daß die Abgrabung für die Bewohner nichts Gutes ausrichte und daß die „*Nahrung*", das heißt, die Wirtschaftsgrundlage einer Familie, sich keineswegs durch die Melioration verbessern könne. Er warnte vor dem besorglichen Ausfall der Fische.

Diese Klage und Warnung waren Inhalt eines besonderen Schreibens an den König, weil der Verkauf des friedländischen Teiles vom Burgwall an den Berliner Hofrat Menzel verhindert werden sollte. Der Amtmann meinte, nach dem Verkauf könne Altfriedland nicht mehr über die Burgwallfische verfügen. Trotz dieser Bemühungen Jaeckels, die er *„übrigens Eurer Hochwohlgeborenen Königlichen Hoheit unterthänigst anheim gestellt sein lasse, was höchstdieselbe hierunter zu resolvieren geruhe"* - erledigte der König den Vorgang eigenhändig und entschied: zurück an Jaeckel mit dem Vermerk *„abgelehnt, Fridericus rex"*. Demzufolge wurde die Hälfte des Burgwalls an Menzel nach Kunersdorf verkauft. Seit dieser Zeit waren die Leute auf dem Burgwall für lange Jahre mit ihren kommunalen Anliegen an Kunersdorf verwiesen. Die Kinder besuchten dort den Schulunterricht und man ging in die Kunersdorfer Kirche. Diese stand damals noch im Park, dicht hinter der Feldsteinmauer an der Chaussee nach Neutrebbin. Anläßlich einer Neuverpachtung des Burgwalls durch Menzel finden sich weitere interessante Schilderungen in den Originalakten. Mit allen Rechten und Pflichten gehörten nämlich auch die Markgräflichen Fischwässer mit zur Pachtung. Jetzt, nach der Trockenlegung wurde ausgetauscht: Die Fischer, die bisher eineinhalb Schatten- oder Wasserhufen hatten, bekamen jetzt ebensoviele Landhufen. Diese Landhufen würden jetzt mehr einbringen als vorher die Fischerhufen, weil die Fischerei erheblich im Ertrag nachließ. Es wurde ein Reglement aufgesetzt, das als königliche Edikta festlegte, wieviel Vieh auf dem neuen Weideland gehalten werden dürfe.

Der neue Pächter Christian Kulicke durfte danach höchstens acht Stück Rindvieh auf den Metzdorfschen Wiesen halten und sollte dies nicht überschreiten. Aber die Metzdorfer sollten ebenfalls dort ihr Weiderecht wahrnehmen. Darüber wurde ein Kontrakt geschlossen. Es dauerte nicht lange, so wurde dieser nicht mehr eingehalten. Die Metzdorfer beschwerten sich, daß zuviel Trebbinsche Tiere auf ihre Weide gingen und sie selbst nicht ihr weniges Viehzeug satt bekämen. Der Heidereiter Johann Friedrich Koch, der damals als Beamter die Aufgabe des

Polizisten erfüllte, wurde angefordert. Er mußte die Tiere abzählen und aussortieren und Kulicken mit entsprechender Strafe belegen. Als dann trotzdem noch immer keine Ordnung war, mußte ein hölzerner Zaun mit festen Pfosten gesetzt werden.

Die neuen Bauern hatten aber auch noch andere Probleme. Weil jetzt nicht mehr Sense und Kahn das Arbeits- und Transportmittel waren, sondern Wagen und Ackergerät, mußten die wenigen im Bruch vorhandenen alten Straßen durch viele neue Wege ergänzt werden. Außerdem beschwerten sich die Bauern, daß sie ohne Brücken nicht über die neuen Gräben zu ihren Äckern und Wiesen kommen könnten. Vom König forderten sie den Bau neuer Brücken. Dieser sah gewiß, daß sich die Forderung nicht auf drei oder vier Antragsteller beschränken würde. Über die Angelegenheit wurde hin und her geschrieben, bis Friedrich der Zweite wieder selbst die Grundsatzentscheidung fällte: Bauholz sollte zur Verfügung gestellt werden, aber die Bauleistungen sollten die Bauern selbst erbringen. Der Heidereiter Koch wurde 1755 zur Ausgabe von 55 Stämmen für den Brückenbau angewiesen. Die Brücken zwischen Kunersdorf und dem Burgwall, mitsamt Wegen, Stegen und Passage mußte hier der Besitzer von Kunersdorf instandsetzen. Kunersdorf hat von daher den stärker werdenden Verkehr von Neutrebbin nach Wriezen unterstützt.

Durch die Trockenlegung blühte die Landwirtschaft immer mehr auf. Es war auch möglich geworden, in tiefer gelegenen Bereichen der Gemarkung zu bauen. Östlich vom Burgwall entstand das Vorwerk Kavelswerder mit seiner heute noch so eindrucksvollen sechsunddreißig Gebinde großen Fachwerkscheune. Kavelswerder gehörte durch Kauf- und Pachtverträge immer wieder anderen Besitzern. Zwischen Bliesdorf, Batzlow, Haselberg und Schulzendorf wechselten die Zugehörigkeiten.

In den 30er Jahren unseres Jahrhunderts wurde ein noch tiefer gelegenes Ackerstück der Neutrebbiner Gemarkung bebaut. Es entstand für kinderreiche Familien die *„Siedlung"* direkt am Friedländer Strom. So hat sich Neutrebbin am Wriezener Damm noch über den Burgwall hinaus nach Norden ausgedehnt. Rechts und links der Landstraße liegen die alten Bauernhöfe, kleine und größere. Und kaum jemand kann sich heute vorstellen, daß vor drei Jahrhunderten hier nur Wasser, Erlenbusch und Fischfängerei die Gegend beherrschten.

Frohe Feste in den Bruchdörfern

Traurige Sauertöpfe sind unsere Vorfahren nicht gewesen. Burschen und Mädchen waren eh und je so jung und übermütig wie heute. Es wurde auch gefeiert und getanzt. Dazu brauchte man Gasträume, Essen, Trinken und Musik. Den Raum boten die Schankwirte. Düster und klein, aber gewiß ganz gemütlich waren die Gaststuben. Im Winter sorgte ein Kachelofen für ausreichende Wärme. Tranfunzel, Kienspan oder Öllampe machten den Abend hell genug. Die Wirte besorgten den Ausschank neben ihrer Fischerei oder Viehwirtschaft.

Für größere Festlichkeiten, wie Hochzeiten und Kindtaufen, war auch ein Saal vonnöten, der damals oft ziemlich klein und meist auch nicht beheizbar war. Man rückte zusammen und hatte es dann auch warm. Das Hochzeitsmahl war Gemeinschaftssache der Familien. Vettern, Nachbarn und Freunde legten zusammen. Die Gerichte bei Tisch waren ganz anderer Art als heute und sicher nicht so üppig. An manchen Orten wurde damals zum Hochzeitsschmaus Milchreis als Höhepunkt des Festessens ausgegeben.

Zu einer Hochzeitsfeier gehörten nicht nur Essen und Trinken. Es gab ernsthafte Sitten und Gebräuche, aber auch viel Spaß. Der Hochzeitsbitter hatte rechtzeitig einzuladen und alles vorzubereiten. Nach der amtlichen Trauung in der Dorfkirche war natürlich auch der Pfarrer zum Festschmaus eingeladen. Konnte er nicht an der Tafel teilnehmen, hatte er Anspruch auf sechs Groschen Essengeld. In Kunersdorf bekam der Pfarrer auf der Hochzeit ein Schnupftuch. Das schien damals eine Kostbarkeit gewesen zu sein, denn es wurde vorbeugend festgesetzt, daß: *„Wer es nicht in natura gibt, oder einen schlechten Lappen für gut genug hält, der muß es mit acht Groschen bezahlen".* Ein teures Schnupftuch!

Bei Tauffeiern gab es auch hübsche Sitten.

„Wenn junge Leute zu Gevattern stehen, so pflegt die Jungfer nach Tische dem Prediger ein Schnupftuch mit Bändern geziert oder ein Bukett zu schenken, welches man alsdann dem Jung-

gesellen wieder schenkt, der sich dagegen mit einem Geschenk an Geld zu revanchieren sucht." Die meisten gaben 12 bis 16 Groschen. Das schien aber auch davon abhängig zu sein, wie sich die Jungfer und der Junggeselle zu einander verhielten. Wollte er über kurz oder lang mit der Angebeteten Hochzeit halten, so gab er wohl auch einen harten Taler auf den Teller. Die Pflichten als Pate hat vielleicht mancher Verliebte darüber vergessen.

Ohne deftiges Getränk wurde nicht gefeiert. Bier und Branntwein waren die landesüblichen Getränke. Für den Ausschank gab es strenge Regeln, weil die Steuerabgaben für starke Getränke auch damals eine große Rolle spielten. Die Brauerschaft der Stadt Wriezen hatte das Recht, allein die Dörfer im Bruch mit Bier und Branntwein zu versorgen. Am Bierverlag waren zunehmend auch die herrschaftlichen Besitzer interessiert, denn auf den Gütern waren bereits Brennereien und Brauereien errichtet worden. Das Bruchamt Wriezen hatte nach strengem Kontrakt die Bierziese als Steuer einzuziehen. Mit dieser Bierziese regelte die königliche Kammer für lange Zeit den Absatzmarkt, der scharf kontrolliert wurde. Die Kolonisten in den neuen Dörfern, durften als eingewanderte Ausländer frei entscheiden, wo sie ihre Getränke einkaufen wollten. Für alle anderen war mit dem festgesetzten Krugverlag im Dorfe auch der Einkauf in diesem Krug zur Pflicht geworden.

Auch die Musik durfte bei Tanz und Festlichkeit nicht fehlen. Um 1727 wurde im Amt Friedland ein Pachtvertrag über die musikalische Aufwartung bei Festen und Feiern abgeschlossen. Danach stand dem *„Musikus Herrn Lindenberg und Konsorten"* im Amt das alleinige Recht zu, bei allen Feiern aufzuspielen.

Die Leute in den Dörfern hatten es nach einiger Zeit aber satt mit ihm und beschwerten sich:

„Der Lindenberg mißfällt uns mit seinen frechen Ausdrükken und Expressionen und außerdem essen er und seine Leute viel zu viel bei Tische. Wir wollen das Recht haben, unsere Musikanten frei zu wählen."

Darauf wurde der Kontrakt mit dem Herrn Lindenberg aufgekündigt. Auf Geheiß des Herrn Landrates, Henning von Barfuß, mußte nun der Amtmann die vereinbarten Pachtsummen in den Dörfern eintreiben und dem Musikus die Restgelder auszahlen, damit er von dannen ziehen sollte. Es gab danach genügend andere Bewerber.

Der Dammkrug zwischen Kunersdorf und Neutrebbin

Dem Obristen von Lestwitz wurde 1767 mit königlicher Genehmigung der Bau eines Schankkruges erlaubt an einem *„Ort, welcher eine kleine Insel formiert, weil solche von der Cunersdorfischen Seite mit einem Graben und von der Cavelswerderschen Seite durch einen Strohm eingeschlossen wird, und der Weg nach Neutrebbin gehet, der dasiger Colonie zur Passage zu verstatten ausgemittelt und bestimmt ist."*

Aus dieser Beschreibung des Bauplatzes, die auch heute noch zutreffend ist, geht hervor, daß an besagter Stelle damals noch kein Gebäude gestanden hatte. Außerdem wurde festgelegt, daß eine Kommission unter Zuziehung des Gerichtsverwalters von Friedland die genaue Feststellung des Standortes vornehmen sollte. Der Weg aus dem Bruche von Neutrebbin über den Burgwall führte an dieser Stelle über den Friedländer Strom und über die Büdnitz. Vor dieser Zeit wurde in erster Linie der Wasserweg per Kahn benutzt.

Der Friedländer Strom teilte sich noch zur Zeit der Oderbruchentwässerung südlich des Burgwalls in zwei Arme, wovon der heute nicht mehr vorhandene am Kavelswerder vorbei durch die Lusicke der Wriezener See zuströmte.

Schriftlich wurde festgelegt, der Obrist von Lestwitz habe als Gegenleistung für die Baugenehmigung des Kruges *„auf seine Kosten und zu allen Zeiten die Passage über den Damm des vorerwehnten Steges dem Dorfe Neutrebbin zu gestatten und in gutem Stande zu unterhalten, auch solchen mit denen darauf befindlichen Brücken"*. Damit war nach der Trockenlegung des Bruches eindeutig die Pflicht des Adels verankert, diese zunehmend wichtiger werdende Straße für die Kolonisten in Neutrebbin, Neubarnim, Wuschewier und Sietzing zu jeder Jahreszeit befahrbar zu halten.

Es lohnt sich jedoch, die Hintergründe dieser Verpflichtung zu erforschen, denn umsonst übernahm der Gutsherr diese Last nicht. Damit kommen wir auch zu dem eigentlichen Grund für die Errichtung des Dammkruges.

Dem Ganzen ging der Antrag des Obristen von Lestwitz voraus, daß er die Genehmigung erwirken wollte, eine eigene Bierbrauerei und Branntweinbrennerei zu errichten. Er hatte sich in den Kopf gesetzt, diese unbedingt in dem Vorwerk Kavelswerder zu betreiben. Das mag darauf zurückgehen, daß auch sein Vorgänger, Geheimrat Menzel, ähnliche Pläne auf dem Burgwall gehabt haben muß. Nach dem Übergang des Gutes Kunersdorf an Lestwitz hatte dieser also die Absicht, am Kavelswerder, gleich neben dem Burgwall, dessen Friedländischer Teil ihm gehörte, die neue Brauerei und Brennerei anzulegen. Dieses wurde ihm auch durch die Genehmigung der Königlich Kurmärkischen Kriegs- und Domänenkammer 1766 gestattet. Mit gleichem Schreiben erlaubte man ihm, auf seinem eigenen Grund und Boden, an dem eingangs beschriebenen Ort einen Schankkrug zum Verlage von Bier und Branntwein aus der am Kavelswerder zu gründenden Brauerei und Brennerei zu errichten. Auch hier wurde die Konzession schon mit der Auflage verbunden, den Damm von Neutrebbin nach Kunersdorf bei Verlust der Konzession und einer Strafe von 100 Talern zu unterhalten. Weiterhin wurde ihm in dem Schreiben das Recht begründet, in Neutrebbin den Ausschank von Bier und Branntwein zu betreiben gegen einen Canon von 100 Reichstalern jährlich, die an die Etablissementskasse des Bruchamtes Wriezen zu entrichten waren. 1778 kam die Genehmigung für den Ausschank in Neubarnim dazu. Dieses Recht hatte vorher der Brauerschaft in Wriezen zugestanden. Die neue Regelung wirft ein deutliches Licht auf den Streit zwischen Adel und Bürgerschaft, der in dieser Beziehung eine lange Geschichte hat. Die gesetzliche Festlegung wurde vorher vom Adel und später von der Wriezener Brauerschaft mit großem Einfallsreichtum hintergangen. So mancher Marktfuhre war nicht anzumerken, daß unter Kornsäcken oder Heu ein Faß Bier versteckt lag. Vor diesem Hintergrund wird deutlich, wie wichtig dem Besitzer von Kunersdorf ein Krug auf eigenem Grund und Boden sein mußte. Da er vor allem das neue Absatzgebiet im Bruche suchte, baute er diesen Krug soweit in das Oderbruch hinein, wie es für ihn möglich war. Einen besseren Standort konnte Herr von Lestwitz nicht finden, als diesen, an der Grenze seiner Gemarkung, hin zu dem neuen *„Colonistenetablissement"* Neutrebbin.

Die rechtlichen und technischen Möglichkeiten des Obristen waren allerdings begrenzt, denn vom Bau der Brau- und Brenneinrichtungen in Kavelswerder ist er zurückgetreten. Ver-

Bild 4:
Die Brüder Müller, Pächter des Dammkruges, um 1900.

kehrsverhältnisse, Wasser und Baugrund werden dafür ausschlaggebend gewesen sein. Die betreffenden technischen Gebäude wurden 1767 in Kunersdorf errichtet bzw. rekonstruiert.

Der sogenannte Neue Krug lag sehr günstig am Wriezener Damm. Alle, die aus den neuen Kolonistendörfern auf den Markt nach Wriezen zogen, mußten diesen Krug passieren. Da sie auf dem Rückweg den Erlös in der Tasche hatten, wird sich der Ausschank gelohnt haben. Mit dem Bau des Krughauses muß sogleich 1766 begonnen worden sein, und wahrscheinlich hat das Haus 1767 schon fertig gestanden. Dazu fand sich eine Originalkarte von 1767, die im Oderlandmuseum Bad Freienwalde aufbewahrt wird.

Das Haus ist durchweg aus Ziegelsteinen im Altfriedländer Klosterformat einschließlich der fünf Säulen und der Ausfachung der beiden Giebelflächen gebaut.

Die Mauern wurden auf einer tiefen Feldsteinschichtung aufgesetzt. Im Zentrum des Hauses befindet sich noch der gewaltige Mantelschornstein mit einer Grundfläche von annähernd viereinhalb mal drei Metern. Dies ist zugleich die Größe der ehemaligen Schwarzen Küche. Erst nach 1945 wurde hier eine gewölbte Decke eingezogen, vorher war die Küche nach oben offen. Die Wohnräume sind im Laufe der Zeiten mehrmals verändert worden. Im Grunde genommen waren sie, wie auch die zum Vorbau hin gelegene Schankstube, bescheiden, niedrig und düster durch die kleinen Fenster, die unter der Giebelfront auch heute noch vorhanden sind. Noch 1960 waren fast alle Innentüren nur lose eingehängte Brettertüren ohne Rahmen und Futter. Die Wände waren kalt von der aufsteigenden Feuchtigkeit. Der Anblick des Hauses war damals auch von außen äußerst trostlos. Es kostete schon einige Mühe, das Haus für heutige Erfordernisse bewohnbar zu machen und dabei das Typische und geschichtlich Gewachsene zu erhalten.

Interessant ist die Raumaufteilung des Gebäudes. Ein Viertel der Grundfläche nimmt der offene Raum unter der Vorlaube ein, zwei Viertel sind Wohn- und Nebenräume und ein Viertel war im hinteren Raum die Stallung. Die halbrunden Fenster in dem schönen Fachwerkgiebel zeigen den französischen Einfluß, den der Bauherr hereingetragen hat, der im gleichen Zuge anschließend sein Landschloß in Kunersdorf errichten ließ.

Der riesige Dachraum des Hauses wurde für Wirtschaftszwecke genutzt. Über dem Vorbau ist in Fachwerkbauweise ein Innenraum als Giebelzimmer errichtet worden. Dieser Raum, obwohl nicht sehr groß, war in früheren Zeiten der Tanzsaal. Lange Zeiten hindurch wurde der Saal nicht mehr benutzt und nach dem letzten Krieg war er innen ganz verfallen. In jüngster Zeit kann diese Giebelstube wieder für private und auch öffentliche Zwecke benutzt werden.

Noch ein Wort zu den Bewirtschaftern des Dammkrugs. Sie waren Erbpächter bis zur Bodenreform und hatten genau festgelegte Abgaben zu entrichten und Leistungen zu erbringen. Dazu gehörte auch die Räumung und Krautung des Stromes und die Fischerei. Um 1920 waren außer der jährlichen Pachtsumme bestimmte Mengen verschiedener Fischarten abzuliefern und für den Grundbesitzer das Badehäuschen am Strom einschließlich Badewäsche zu säubern und instandzuhalten.

Als erster der Pächter wurde der Hausmann Johann Zache 1790 namentlich genannt. Heute noch wird das Haus oft als der Zachenkrug bezeichnet. Die Familie Müller war hier von 1836 bis 1945 ansässig. Der alte Hubert Müller mit dem langen Bart und den großen Hunden ist noch heute vielen älteren Bürgern aus der Umgebung in deutlicher Erinnerung.

Arbeitsalltag bei Helene Charlotte von Friedland

Die Herrschaft Friedland hatte der alte Lestwitz, der Vater der Frau von Friedland, so umsichtig in Kunersdorf eingerichtet, daß es eine Freude gewesen sein muß, in einer Zeit der aufstrebenden landwirtschaftlichen Entwicklung die Wirtschaft weiter zu führen. Daß dies aber eine junge Frau – noch dazu eine geschiedene und alleinerziehende Mutter – ganz in ihre Hände nahm, war einmalig und völlig neu. Sie leistete harte Berufsarbeit. Den riesigen Gutsbereich bewirtschaftete sie mit ihren damals modernen Vorstellungen, die sie *„mit beispielloser Ausdauer und Umsicht"* umsetzte. Dabei nahm sie aber auch den Herrschaftsanspruch ihres Standes wahr. Ihre Verwalter forderte sie hart, ebenso alle ihre Untertanen. Schlendrian und Schludrian gab es bei ihr nicht. Ihre außerordentlichen Begabungen stellte sie nicht nur in den Dienst ihrer eigenen Wirtschaft. Ökonomie, Philosophie, Botanik, Geographie und die schönen Künste beschäftigten Helene Charlotte und ihre Tochter Henriette von Friedland gemeinsam mit Gleichgesinnten. Mit Energie und Fleiß setzte sie gewonnene Erkenntnisse in die Tat um.

Als Albrecht Daniel Thaer aus Celle kommend im Jahre 1801 Kunersdorf besuchte, war er von ihrem Eifer beeindruckt. *„Auf der Grenze ihrer Herrschaften kam uns Frau von Friedland ... in vollem Trabe entgegen, sprang vom Pferde und setzte sich zu uns in den Wagen. Nun ging es in vollem Galopp über Dämme und Gräben weg ... vier volle Stunden von einem Ort zum anderen. Fünf bis sechs Verwalter, Schreiber usw. waren immer neben und hinter dem Wagen und mußten bald eine Herde Kühe, bald eine Herde Schafe oder Schweine herbeiholen. Heute von morgens sechs Uhr bis jetzt abends zehn Uhr hat sie uns nicht fünf Minuten in Ruhe gelassen. Wir haben gewiß vier Spann Pferde müde gefahren. So etwas von Aktivität ist mir noch nie vorgekommen. Sie hat über ein Dutzend Verwalter, Schreiber und Meier und dennoch kennt sie jeden Gartenfleck, jeden Baum, jedes Pferd, jede Kuh und bemerkt jeden kleinen Fehler, der in* *der Bestellung vorgefallen ist, jede Lücke in einer Hecke und jeden falsch gestellten Pflug."*

Dieses Urteil bestätigt sich, wenn man ihren Aufsatz liest *„Über die Verbesserung der Wiesen durch reinen Samen der vorzüglichsten Grasarten, und Anweisung, wie dieser zu gewinnen ist."* Thaer veröffentlichte diesen Artikel in den *„Annalen der Niedersächsischen Landwirthschaft"*. Frau von Friedland hatte sich ausbedungen, den Titel nicht unter ihrem Namen erscheinen zu lassen. Sie erklärte in dem Aufsatz ihren *„Geschäftsgenossen"* die praktische Handhabung *„sowohl im Nassen als auf der Höhe"*. Niemand würde damals eine Frau als Verfasserin vermutet haben. Leider hinterließ sie uns nur diese eine Schrift, *„kurz, ohne gelehrten Prunk."*

Thaer schrieb: *„Die Frau von Friedland hatte noch den Verdienst, daß sie sich ihre Verwalter aus dem Bauernstande selbst anzog und ihnen gerade das, was sie in ihrer Lage wissen müssen, gründlich lehrte"*.

Die Patronin erwarb auch den *„Meisterbrief im Mühlengewerbe"* und nahm 1794 die Prüfungen der Müllerburschen selbst vor. Sie hatte also zu allen praktischen Anliegen ein direktes Verhältnis. Ein erheblicher Gerechtigkeitssinn beherrschte ihr Tun, das freilich, wie es sich an manchen juristischen Vorgängen zeigte, auf den ständischen Konventionen beruhte. Eine schrittweise, gerechte Ablösung vom Althergebrachten entsprach ihren Vorstellungen und dem Ideengut der Aufklärungsphilosophie ihrer Zeit. Sie bezahlte das Schulgeld für etwa zehn Bauernkinder ihrer Dörfer an die Stadtschule in Wriezen. Diese Schulplätze finanzierte sie aus eingespartem Pfarrergehalt, weil sie die Kunersdorfer Pfarre kurzerhand geschlossen hatte.

Bald nach 1790 mußte die Gutsherrin erfahren, daß sich ihre Ideale nur teilweise verwirklichen ließen. Durch intensivere Ackerkultur wurden höhere Ernten möglich. Zusätzliche Fruchtarten, wie Futterkulturen, Kartoffeln, Tabak und Flachs kamen ins Blickfeld, aber das erforderte erheblich mehr Arbeitskräfte, als vordem notwendig waren.

Die Bauern und Kossäten waren zu besserer Wirtschaft angeleitet worden, was nicht ohne Auswirkungen blieb: Sie brauchten für die eigene Wirtschaft auch mehr Arbeitszeit. Das gab Brüche im Verhältnis zwischen Gutsherrschaft und Untertanen. Die Forderungen der Patronin riefen die Widerstände der Untertanen hervor. Ihre Angestellten entlohnte sie nach den einschlägigen Vergütungen – nicht mehr und nicht weniger. Ihre

Tagelöhner wurden so bezahlt, wie es dem Arbeitsergebnis angemessen erschien. Beispielsweise zahlte sie in den ersten Jahren den Frauen und Kindern für eine artenreine Gräserernte einen Stundenlohn. Als sich die Leute mit den Grasarten besser auskannten, ging sie zur Entlohnung nach Leistung über und bezahlte etwa zwei bis drei Groschen für eine Metze Samen nach Prüfung der Qualität.

Zu dem ausgedehnten Herrschaftsbereich gehörten nicht nur Tagelöhner und Verwalter. Der größte Teil der Dorfbewohner stand in einem mit dem Grundbesitz verbundenen Abhängigkeitsverhältnis zum Gutsherrn. Außer wenigen freien Bauern gab es Laßbauern, Kossäten, Hüfner, Häusler, Büdner – sowohl als Inländer wie die ausländischen Kolonisten. Die Gutsherrschaft war wesentlich auf die Arbeitskraft der Dorfleute angewiesen.

Im Amt Friedland galt nach wie vor die Gesindeordnung von 1692. Entsprechend richtete sich der Arbeitstag nach dem Stand der Sonne und dauerte von Sonnenauf- bis Sonnenuntergang. Oftmals konnten die Bauern und Kossäten nicht selbst ihre Dienste ableisten, wenn sie noch eine eigene Wirtschaft betreiben wollten. Sie mußten sich also auf eigene Kosten Gesinde halten, das sie der Herrschaft zur Verfügung stellten. Denn es heißt in der Gesindeordnung:

„Zu schwerer Arbeit, so der Dienstbote nicht verrichten kann, muß der Wirt selber kommen und dienen. Das muß der Wirth auch tun, wenn der Dienstbote sich widerspänstig erzeiget, so daß die Herrschaft mit demselben nicht zufrieden sein könnte." Das war eine harte Zwangslage. Besonders erschwerend für die abhängigen Bauern war die Regelung, daß sie die festgelegten Diensttage so abarbeiten mußten, wie es die Herrschaft bestellte, das hieß, vorwiegend bei schönem Wetter. Für das eigene Anwesen blieben oft nur die Schlechtwettertage.

An den Diensttagen mußten die Bauern mit eigenem Fuhrwerk erscheinen. In der einstündigen Mittagspause ließen sie also nicht nur die Pferde grasen, sondern sie mußten dann auch den Futterbedarf für das übrige häusliche Vieh absichern.

Die Frauen hatten es noch bis in unser Jahrhundert besonders schwer. Sie plagten sich mit körperlich anstrengender Arbeit ab und hatten über Mittag noch die Familie mit warmem Essen zu versorgen. Als warmes Essen wurden oftmals Suppen und Eintöpfe gekocht, die es sowohl morgens, mittags wie auch abends gab.

Bild 5:
Getreidedrusch auf einem Gutshof.

Die Hofedienste forderte Helene Charlotte von Friedland überall da hartnäckig ein, wo sie meinte, einen Anspruch darauf zu haben. Das wird noch in der nachfolgenden Geschichte deutlich werden.

Bei aller Härte wandte sich die Frau von Friedland auch den Problemen der Untertanen zu. Wo sie meinte, helfen zu können, da tat sie es. Als im Januar 1803 in Wuschewier eine Feuersbrunst ausbrach, schickte sie von Kunersdorf Hilfskräfte zum Löschen und erschien auch selbst am nächtlichen Brandort. Den Geschädigten wurde Hilfe zugesagt.

Helene Charlotte von Friedland holte sich bei dieser Nachtfahrt in klirrender Kälte und bei durchdringendem Sturm eine Erkältung, die allmählich in eine Lungenentzündung überging. Von dieser Krankheit erholte sie sich nicht wieder. Im Alter von nur neunundvierzig Jahren starb sie in ihrer Winterwohnung in Berlin. Diese Wohnung der Familie von Lestwitz befand sich in dem schönen Nicolaischen Hause in der Brüderstraße, in dem sich jetzt das Brandenburgische Landesamt für Denkmalpflege eingerichtet hat.

Streitigkeiten der Kolonisten von Wuschewier und Sietzing mit der Frau von Friedland

Die Verhältnisse der Kolonisten nach der Trockenlegung des Niederen Oderbruchs regelten sich nach den Festlegungen in ihren Erbverschreibungen. Im Amt Friedland waren diese Urkunden untereinander ähnlich, aber doch keinesfalls gleich ausgestattet. Nachdem die Kinder und Kindeskinder der ersten Siedler die Hofstellen erblich übernommen hatten, kamen Bedenken und Zweifel über den wirklichen Inhalt der Kolonistenbriefe auf. Heute noch gibt es Familien, die ihren Kolonistenbrief vorzeigen können. Das war aber schon damals eine Seltenheit. In den meisten Fällen waren die Urkunden im Amtsgericht, dem Patrimonialgericht des Amtes Friedland, hinterlegt. Viele Kolonisten waren des Lesens und Schreibens unkundig und hatten den Vertrag nach Vorlesen des Inhalts unterzeichnet und die Papiere ohne Bedenken dem Amtmann anvertraut. Die Enkel fingen an nachzufragen, weil ihre Herrschaft sie zu Natural- und Hofdiensten veranlagte, die von den Eltern und Großeltern nicht gefordert wurden. 1789 schreibt der Justizrat Ringdorff aus Wriezen: *„Die Frau von Friedland ist es mit einemmal eingefallen, von den beiden Colonistengemeinden zu Wuschewier und Sietzing den Zwangedienst ihrer Kinder zu begehren, davon diese seit ihrer Entstehung nichts gewußt haben."*

Die Herrschaft hatte so entschieden und konnte sich dazu ihres eigenen Patrimonialgerichtes bedienen. Zur Gegenwehr hatten sich die Kolonisten an das Gericht des Bruchamtes Wriezen gewandt. Sie hofften, daß der Justizrat Ringdorff, dessen schöner Grabstein jetzt noch auf dem Wriezener Friedhof zu finden ist, ihnen helfen könnte. Mit seiner Anklageschrift legten die Kolonisten Beschwerde gegen das Amtsurteil bei der Justizkammer in Berlin ein. Von dieser zweiten Instanz wurden sie aber auch abgewiesen. Diese machte sich den Urteilsspruch des Friedländischen Patrimonialgerichtes zu eigen, so daß entschieden wurde, die Kolonisten hätten den *„gewöhnlichen Zwangedienst unweigerlich zu leisten"*. Ebenso wie die Untertanen in Altfriedland oder Metzdorf mußten nun auch die Neu-

Bild 6:
Deich- und Uferordnung.

siedler in den neuen Dörfern auf Anforderung der Herrschaft ihre Kinder für sechs Tage in der Woche zu Hand- und Spanndiensten bereitstellen.

So waren sie zutiefst überrascht, daß einigen anbefohlen wurde, von Kleinbarnim oder Wuschewier nach Ringenwalde zu marschieren, um dort bei Sonnenaufgang zu Feldarbeiten für die Herrschaft anzutreten. Ringdorff erklärt in seiner Schrift die rechtlichen Grundlagen solcher Forderungen, nämlich, daß Friedrich der Zweite bei anderen Landesverbesserungen auch das große Werk ausgeführt hat, daß er auf seine Kosten das Niederoderbruch eindeichen ließ. Die Dörfer, die auf den abgetrockneten Flächen angelegt und die Familien, die darauf angesetzt wurden, sind aus der Deich- und Uferordnung von 1769 zu ersehen.

Dem Lande mehr nutzbare Ackerfläche und Einwohner zu verschaffen, war der Zweck, zu dem die enormen

Bewallungskosten der König selbst übernahm. Den Besitzern der herrschaftlichen Güter, deren Grundstücke dabei sehr gewonnen hatten, wurden gewisse Bedingungen auferlegt. Dazu gehörte, daß jedes Dominium eine Anzahl ausländischer Familien anzusiedeln hatte. Auf diese Weise sind die neuen Etablissements im Bruche entstanden. Die Herrschaften mußten nicht nur das Bauland kultivieren, sondern auch auf eigene Kosten die Häuser erbauen. Die Siedlerstellen wurden den Ausländern in Erbzins gegeben. Dieser Zins wurde nicht überall gleich hoch festgesetzt. An einigen Orten wurde eine Reichsmark, an anderen ein Silbergroschen gegeben. Zusätzlich vereinbarten einige Gutsbesitzer die Ableistung von Handdiensten. Alle Einwohner der neuen Dörfer waren Erbzinsleute, die der Gerichtsobrigkeit der Herrschaft unterworfen waren. Keinem Kolonisten wäre es eingefallen, die Verbindlichkeiten eines hiesigen alten Untertanen zu übernehmen, sie rechneten fest damit, daß sie ihre persönliche Freiheit bewahren könnten. Andere Bedingungen hätten die Ausländer, die großenteils ganz freie Leute gewesen waren, wohl kaum angelockt.

Um den Gutsherren Baukosten zu ersparen, wurden Kolonisten gesucht, die sich ihre Häuser und Scheunen selbst bauen konnten. Man sah sich im Lande nach Leuten um, die dazu einige Mittel hatten.

Ein solcher war der Kolonist Kalck in Sietzing und Wuschewier. Mit diesem wurden auch Hand- und Spanndienste bei der Herrschaft vereinbart. Seine Unterschrift unter den Kontrakt sollte als Vorbild dienen für alle Kolonisten, weil sich von Anfang an viele Siedler gegen den Hofedienst gewehrt hatten. Christof Kalck aus Ringenwalde in der Neumark galt damit als „Streikbrecher".

Für ähnliche Strittigkeiten in Kleinbarnim fanden sich folgende Gerichtsunterlagen von Altfriedland: „*Als die Friedländer Herrschaft nun wieder zu dem früheren Verhältnis des Naturaldienstes zurückkehren will, entsteht Streit ... Als auf dem ehemals zum Freyfleck gehörenden Knollenhorst das Vorwerk Horst angelegt wurde, verlangte Frau von Friedland von den Kleinbarnimern, daß sie nunmehr hierhin ihre Dienste in natura leisten sollten, was aber verweigert wurde. Es entspann sich ein Prozeß, der erst durch Urteil des Instruktionssenats des Kammergerichtes von 1801 entschieden wurde, und zwar dahin, daß die Beklagten verpflichtet wurden, sechs Tage in jeder Woche* der

Bild 7:
Bau eines Kolonistenhauses.

von Friedland den Handdienst auf dem Vorwerk Horst bei eigener Kost zu leisten."

Gerade das wollten die Kolonisten nicht hinnehmen. Die Schwierigkeit lag aber in der Abfassung der Kolonistenbriefe. Nach genauer Prüfung der Kontrakte fand sich nur ein einziger Fall der Befreiung vom Zwangsdienst. Der Kolonist Mielenz, der auch seinen Ansetzungsbrief selbst verwahrt hatte, konnte die ausdrückliche Vereinbarung nachweisen, daß er für sich und seine Nachkommen auf alle Zeit vom Hand- und Spanndienst befreit sei. Alle Übrigen hatten nach Ablauf der Freijahre der Dienstverpflichtung wieder nachzugehen.

In vielen Fällen lagen die Kolonistenbriefe beim Amt Altfriedland, so daß der juristische Sucheifer oftmals das finden konnte, was der Herrschaft dienlich war.

Nach der Aufsiedlung des Landes und dem Aufbau der neuen Dörfer wurden noch weitere Unklarheiten deutlich. Der Justizrat Pfützenreuter verfaßte eine Anklageschrift, die mitten aus einem laufenden Verfahren im Jahre 1792 berichtet. Hier ging es darum, daß in Sietzing und Grube fast alle Kolonisten dreißig

Morgen Land erhalten hatten. Dagegen gab es in Wuschewier nur zwei Siedlerstellen mit dreißig Morgen, 64 Kolonisten hatten nur vierzehn Morgen erhalten. Dieses war geschehen, obwohl der *"Hochselige Markgraf Carl sieben Einliegern dort Versprechen und Haupt-Grund-Briefe für sie und alle künftigen Siedler so wie in Grube"* gegeben hatte. Diese Urkunde zeigten die sieben Einlieger dem damaligen Pächter, dem Kammerrat Jaeckel vor. Dieser behielt aber dieselbe an sich und wollte sie auch in der Folge schlechterdings nicht wieder herausgeben, sondern behauptete, daß sie sich in der Registratur des Amtes Friedland befände. Der Grund zu diesem Verfahren des Jaeckel bedarf hier keiner Erörterung. Genug, der Kläger konnte durch den Ausgedinger Martin Rühle zu Kleinbarnim und den Kolonisten Rasch zu Sietzing beweisen, daß der Jaeckel die Urkunde an sich genommen. Die Kläger forderten die vorenthaltenen sechzehn Morgen Landes, weil jeder nur vierzehn Morgen bekommen hatte. Zur Vervollständigung der Klage benötigten sie aber die Urkunde aus der Friedländischen Registratur oder eine entsprechende Erklärung. Der Anwalt Pfützenreuter formulierte deshalb: *"Sollte die Frau von Friedland als nunmehrige Besitzerin des Amtes Friedland diese Urkunde zu besitzen leugnen, so wird ihr der Eid darüber zugeschoben und ich trage nahmens der Klagenden an, daß sowohl die Frau Beklagte, als deren zeitiger von ihr selbst zu benennender Gerichtshalter nach dem Corpus Juris Friederciani C 1, tit. 10. sect. 2, §27 schwören, daß sie dieses Dochment nicht in ihrem Gewahrsam habe und nicht wisse, wo es sich befinde".*

Der Ausgang der Klage war bei diesem Verfahren nicht deutlich zu erkennen. Wir wissen nicht, ob Frau von Friedland diesen zweifelhaften Gerichtseid geschworen hat. Die Verteilung des Siedlungslandes war ja nicht ihr Werk, Markgraf Carl hatte 1757 die Erbzinsverschreibungen ausgefertigt. Die Verträge wurden mit dem Kammerrat Jaeckel und den Zeugen Gottlieb Koppe als Landschulzen und Mathias Falmer als dem Wendischen Wasserschulzen vom Amt Friedland geschlossen.

So eindeutig, wie bei dem Gerichtsurteil zu den Hofediensten konnte es in diesem Falle nicht ausgehen, dazu war hier der Streitwert zu hoch und die Beweislage nicht gesichert.

Die Altfriedländer
und die Pappelbäume

Nicht nur die vergangenen Jahrhunderte, auch die letzten Jahrzehnte haben an der Oderbruchlandschaft vieles verändert.

Der Baum des Bruches ist und bleibt die Weide, aber auch die Pappel hat eine große Bedeutung. Ob sie nun gern gesehen wird oder nicht, sie ist da. Sie ist das Gerüst junger Flurschutzpflanzungen, sie steht an Gräben und Wegen und sie ist flächendeckendes Gehölz auf manchen Standorten, mit denen niemand etwas besseres anzufangen wußte. Nun wurden nicht nur zwischen 1950 und 1980 Pappeln gepflanzt. Alte Pappelbäume verschiedener Art finden sich überall in der Umgebung. Breite Flurschutzstreifen im Metzdorfer Bruch zwischen dem Dorf und dem Friedländer Strom sind in den zwanziger Jahren angelegt worden. In diesem Meliorationssonderprogramm wurden hauptsächlich Weißpappeln verwendet. Riesengroße Bäume sind daraus gewachsen, die nun allmählich an eine Altersgrenze gekommen sind, die Nachwuchs erfordert.

Westlich von Metzdorf sind inzwischen die Pappeln in den Windschutzstreifen der fünfziger Jahre auch schon erwachsen geworden. Wer diesen Bereich zwischen Gottesgabe, Schlaanhof und Metzdorf kennt, der weiß, wie notwendig hier die Windberuhigung durch Baum- und Strauchbewuchs ist. Trockener Frühjahrswind bringt oft genug den schwarzen sowohl wie den weißen Feinsand kilometerweit ins Treiben.

Pappeln wurden auch an anderen Stellen dringend gebraucht. Am Höhenrand in Katharinenhof gab es alte Pyramidenpappeln. Alt und gebrechlich, gerupft und geborsten ist eigentlich nur noch eine übrig geblieben. Sie ist die letzte und muß nun ganz allein als Blitzableiter dienen.

Von der Höhe bei Metzdorf, bei Kunersdorf oder in Vevais kann man weit in eine schön gegliederte und abwechslungsreiche Ebene blicken. Man sieht Acker, immer wieder Acker in guter Kultur, was dem Fleiß der Landwirte zu verdanken ist. Voraussetzung dazu war die Trockenlegung des Oderbruches und die Urbarmachung der vielen rohrbewachsenen Wasserflächen.

Daß dieses wasserwirtschaftlich äußerst komplizierte System bis heute funktioniert, ist das Werk der Wasserbaufachleute, Kulturbauingenieure und vieler fleißiger Arbeiter in den letzten zweihundertfünfzig Jahren. Auch für die Zukunft dürfen diese empfindlichen Einrichtungen nicht vernachlässigt oder falsch behandelt werden.

Doch zurück ins alte Preußen. Graf Heinrich August von Itzenplitz mit Wohnsitz im Schloß Kunersdorf hatten in seiner Herrschaftszeit zwischen 1849 und 1883 auch landschaftsplanerische Vorhaben durchzusetzen.

Die berühmte Großmutter des Grafen, Frau von Friedland, und auch seine Mutter, Henriette von Itzenplitz hatten in ihren Gemarkungen Meliorationen durchführen lassen. Rodungen von Erlenbrüchern, Aufforstungen auf leichten Höhenstandorten gehörten ebenso dazu, wie Wasserhaltungen für Viehtränken und zur Park- und Gartenbewässerung. In dem langen Prozeß der Flurteilungen zwischen Herrschaft und Bauerngemeinden hatte sich außerdem die Fruchtwechselwirtschaft endgültig durchgesetzt. Das Mögliner Beispiel hatte Schule gemacht. Längst schon waren die Separationen der Preußischen Bauernbefreiungsreformen staatliche Pflicht geworden. Aber das zog sich hin. Peter Ludwig von Itzenplitz war darüber hingestorben, seine Frau Henriette lebte noch bis in das Revolutionsjahr 1848, aber nun mußte der Sohn Heinrich August die Auflagen zu Ende führen. Aus dem Jahre 1862 finden sich für Kunersdorf endlich die letzten Separationsprotokolle. Dabei wurden die restlichen Hand- und Spanndienste gegen Zahlung eines Entgelts an die Herrschaft abgelöst. Eine Militärsteuer wurde von den befreiten Bauern erhoben. Bürgerliche Rechte und Pflichten sollten nun auch auf dem Lande wirksam werden. Es gab keine Untertanen mehr.

Auf den Gutsbesitzer kamen neue Pflichten zu. Die aufgeteilte, separierte Feldflur war nun auch ein neues System geworden, das weitere Strukturveränderungen erforderte. Die Bauern brauchten für die veränderte Schlageinteilung auch Zufahrtswege, die es vorher nicht gab.

Das alte gutsherrliche Auenrecht verpflichtete den Grafen zu den erforderlichen Erschließungsmaßnahmen und zu gleichzeitiger Begrünung und Bepflanzung. Mit kluger Überlegung wurde die Anlage von Feldwegen und Triften, von Meliorationsanlagen und Brücken geplant. Die Gutsinspektoren Wühlenbücher und Thiede wurden mit der Durchsetzung des Flurprogramms neben ihren anderen Aufgaben betraut.

Mit den Bauern wurde durch namentliche Zustimmung ein Vertrag geschlossen, der für die Anlage der Wege alle gegenseitigen Rechte und Pflichten festhielt. Danach hatten die Bauern die notwendige Ackerfläche für Wege und Randstreifen zur Verfügung zu stellen. Zu Lasten der Gutsherrschaft ging die Herrichtung und die Anpflanzung von Bäumen.

In diesem Rezess wurde weiterhin festgesetzt:

„Die Herrschaft behält sich vor, an den näher gelegenen Wegen Pyramidenpappeln zu pflanzen. Damit diese Pyramidenpappeln den Untertanen nicht schädlich sein mögen, sollen sie zwei Ruten auseinandergesetzt und sollen überhaupt keine den Untertanen schädliche Bäume gepflanzt werden."

Das Eigentum an den Bäumen, also das Holz, verblieb dem Grafen. Es galten für die Bepflanzung nicht nur feldkulturfördernde Gesichtspunkte. Brennholzwerbung war ein Dauerproblem für Arm und Reich zugleich. Die schnellwüchsige Pappel lieferte schon nach kurzer Zeit Brennholz, an dem alle interessiert waren.

Pappelholz wurde auch für Bauzwecke verwendet. Im Potsdamer Landesarchiv findet sich ein Brief aus Metzdorf, der 1849, also im Antrittsjahr des Grafen geschrieben wurde. Darin bittet der Metzdorfer Schulze Becker den Inspektor Wühlenbücher um drei Pappelstämme. Da diese für ein Bauvorhaben gebraucht würden, wollten die Metzdorfer die stärksten Stämme auswählen.

In dieser Zeit wurden dann auch die neuen Pyramidenpappeln an den Feldwegen gepflanzt. Sie wuchsen schnell und waren nach kaum dreißig Jahren stattliche Bäume geworden. Die Bauern meinten, daß sie dem Acker zuviel Kraft wegnehmen würden. Dagegen sollte etwas getan werden. Es wurde ein Antrag gestellt auf Fällung der Bäume.

Die Gemeinde Altfriedland nahm sich nun der Sache an, da sie zwischen der Herrschaft und den Gemeindemitgliedern zu vermitteln hatte.

In einer ersten Verhandlung vor dem eigenen Amte wurde 1878 entschieden, daß die Untertanen kein Anrecht an den Bäumen hätten, da diese von ihnen weder gepflanzt noch gepflegt worden waren. Hätte der Vertrag dazu etwas anderes festgelegt, so müßte rechtmäßig auch der Friedländische Teil der Berliner Landstraße von den Bauern instandgesetzt, bepflanzt und unterhalten werden.

Den Ausgang der Verhandlung nach diesem harten Urteil beschrieb der Rentmeister Thiede dem Grafen Itzenplitz so:

„Sie schienen solches zuerst ungläubig aufzunehmen, gingen aber dann, ihre Register zusammenklappend, etwas beschämt, und mit enttäuschten Gesichtern ab, ohne weiter eine Erklärung abzugeben."

Aber dann kam alles anders.

Die Bauern waren auch pfiffig. Sie prüften den Rezeß, der ja nun als gültiger Vertrag bestand und die Dinge regelte. Da stand doch im Text, daß die Herrschaft das Recht habe, Pyramidenpappeln zu pflanzen an den Wegen. Aber wenn sie es recht besahen, standen Weißpappeln an dem Wege zum Buschhof. Und Vertrag war Vertrag.

Also schrieben sie an *„Euer Hochwohlgeboren"* und zeigten an, daß am Weg vom Klostersee zum Buschhof rezesswidrig sich Weißpappeln befänden und sie wünschten, daß diese nebst Schadensersatz dort weggenommen würden. Im Amt Altfriedland kam es danach zu folgender Verhandlung:

„Es hatten sich heute die Eigentümer Ludwig Siebert und Ludwig Räcke von hier eingefunden um sich betreff ihres Antrages vom 19. Januar 1879 auf Fortnahme der am Bruchwege um den Klostersee stehenden Weißpappeln auf deren Grundstücken, am sogenannten Bullenwinkel näher zu erklären."

Das Protokoll schrieb wieder der Verwalter und Rentmeister Thiede. Er führte auch die Verhandlung und erklärte den Antragstellern Siebert und Räcke, daß seine Exzellenz, der Herr Graf von Itzenplitz geneigt sei, die Bäume abhauen zu lassen und er *„in seiner friedliebenden und jederzeit entgegenkommenden Gesinnung auch dadurch seinen guten Willen wieder bestätigen wolle, daß er auf ihren Vorschlag eingehen und ihnen die Hälfte der Weißpappeln zur freien Benutzung durch seinen Forstbeamten anweisen lassen wolle und seine Exzellenz sein rechtmäßiges Recht, dort Pyramidenpappeln zu pflanzen, gleich im kommenden Frühjahr vornehmen werde."*

Mit diesem Verfahren war eine Lawine ins Rollen geraten. Als Nächster schrieb Wilhelm Kieling aus Altfriedland, daß ihm eine starke Weißpappel an seinem Acker soviel Schäden zufügt, daß sie weg müßte. Itzenplitz vermerkte eigenhändig auf dem Antragschreiben, daß der Baum da wirklich nicht hingehöre, aber er selbst oder seine Eltern ihn auch gar nicht gepflanzt hätten. Er ordnete sogleich an, daß der Baum dort zu entfernen sei. Zwei Tage später schrieben andere Altfriedländer, daß vorhandene

Schwarzpappeln ihren Äckern einen unberechenbaren Schaden zugefügt hätten. Da Schwarzpappeln auch nicht vertragsgerecht waren, formulierten die Antragsteller Ewest, Hoffmann, Menge, Gülisch, Werth, Brust, Kieling, Lenz und Fischer gar nicht erst eine devote Bitte, sondern schrieben:

„So ersuchen wir Eure wohlgeborene Exzellenz hierdurch, doch gefälligst veranlassen zu wollen, daß die Bäume baldmöglichst entfernt werden."

Noch weitgehender war der Ausgang eines sehr langen Streites in ähnlicher Sache mit den Neufriedländer Bauern. Hier hatte der Graf die Idee, die geforderten Pappeln den Neufriedländern zu schenken, um damit einen Gerichtsgang zu vermeiden. Aber dazu liegt ein Schreiben der immer noch als Untertanen bezeichneten Bauern vor:

Sie wollten nichts geschenkt haben, sondern ihr Recht fordern.

Sie alle hatten sich diese Erfolge unerschrocken und listig erkämpft.

Graf Heinrich August von Itzenplitz hatte nach der zur Hälfte geteilten Brennholzernte am Bullenwinkel umgehend, wie angekündigt, schon wieder Pyramidenpappeln pflanzen lassen.

Bis zu seinem hohen Alter legte er großen Wert auf Baumbestände an den Straßen. Die Linden an der jetzigen Bundesstraße 167 zwischen Vevais und Kunersdorf hat er ausdrücklich vor dem Abholzen bewahrt und sie leben heute noch. Die Eichenallee nach Neutrebbin ist auch sein Werk. Es sollte selbstverständlich sein, solche landeskulturellen Kostbarkeiten zu pflegen und für kommende Generationen zu erhalten.

*Bild 1:
Auf dem Altfriedländer Friedhof.*

Bild 2:
Altfriedländer Teich.

Bild 3:
Das alte Pfarrhaus in Altfriedland.

Bild 4:
Der Klostersee.

Bild 5:
Der Kietzer See.

Bild 6:
Grabensystem im Bruch.

Bild 7:
Bauerngehöft im Bruch.

*Bild 8:
Stauanlage.*

*Bild 9:
Mahlbusen am Schöpfwerk.*

Bild 10:
Kopfweiden.

Bild 11:
Sietzinger Dorfkirche.

Bild 12:
Friedländer Strom.

Bild 13:
Fachwerkhaus in Neutrebbin.

Bild 14:
Pyramidenpappeln bei Horst.

Bild 15:
Schul- und Bethaus in Wuschewier.

Bild 16:
Kunersdorf

Bild 17:
Pappeln bei Kunersdorf.

*Bild 18:
Dammkrug, erbaut 1767.*

Bild 19:
Junge Platane im Kunersdorfer Park.

Bild 20:
Teil der Kunersdorfer Kolonnaden.

Bild 21:
Gedenkstein der Frau von Friedland.

Bild 22:
Zum Gedenken an Adalbert von Chamisso im Kunersdorfer Park.

Bild 23:
Weg aus dem Kunersdorfer Park.

Bild 24:
Blick zur Kunersdorfer Kirche.

Bild 25:
Eichenallee am Wriezener Damm.

*Bild 26:
Katharinenhof.*

Bild 27:
Abendstimmung im Bruch.

Quellennachweis

Archiv der Evangelischen Kirchengemeinde Altfriedland

Brandenburgisches Landeshauptarchiv Potsdam Rep.78, 37, 7

Fontane, Theodor
    Wanderungen durch die Mark Brandenburg
    Das Oderland, Aufbau-Verlag Berlin 1976

Mengel, Peter Fritz
    Das Oderbruch
    Verlagsgesellschaft R. Müller, Eberswalde 1934

Schmidt, Rudolf
    Die Herrschaft Friedland
    Bad Freienwalde 1928
    Oberbarnimer Kreiskalender, Bad Freienwalde 1923 bis 1936

Thaer, Albrecht Daniel
    Annalen der Niedersächsischen Landwirthschaft
    Celle, bei G. E. F. Schulze 1798

Personenregister

Markgraf Carl v. Brandenburg
    Herrenmeister des Johanniterordens zu Sonnenburg, von 1730 bis
    1762 auf Amt Friedland
Geheimrat Carl Phil. Menzel
    Berlin, Besitzer von Kunersdorf von 1756 bis 1765
Hans Sigismund von Lestwitz
    General, Obristleutnant, Altfriedland 1763–1788,
    Besitzer von Kunersdorf von 1765 bis 1788
Helene Charlotte von Friedland
    bewirtschaftet Amt Friedland von 1788 bis 1803
Henriette Charlotte von Itzenplitz geb. v. Friedland
    bewirtschaftet Amt Friedland von 1803 bis 1848 gemeinsam mit
Graf Peter Ludwig von Itzenplitz
    Staatsrat in Berlin, bis 1834
Graf Heinrich August von Itzenplitz
    geb. 1799 in Groß Behnitz, gest. 1883
    letzter Besitzer des ungeteilten Amtes Friedland

Worterklärung

Annalen
: Jahreshefte, Veröffentlichungen im Jahresrhytmus

Ausgedinger
: Altenteiler, Ruheständler auf dem Bauernhof

Avenue
: Zugang, Zufahrt, Ankunft

Bolljacken
: kleinere Stellnetze, hier auch Sackfischerei genannt

Büdner
: Häusler, meist ohne Weiderecht

Corpus juris Fried.
: Preußisches Landrecht, Berlin 1750 e. j. Friedericianeum

Dominium
: Herrschaft, hier soviel wie Rittergut

Edikta
: Anordnung

Häusler
: Tagelöhner mit etwas Grundbesitz und einem Haus

Hüfner
: Einhüfner-Bauer mit etwa 10 ha Ackerland

Hufe
: 7 bis 10 ha Ackerland
 Schatten- oder Wasserhufen etwa 7 ha Fischereifläche

Kolonisten
: Einwanderer, Ausländer aber auch Inländer als Siedler

Kolonistenetablissements
: hier völlig neu angelegte Dörfer für Siedler

Kossäten
: abhängige Halbbauern mit Anrecht an Gemeindeweide, Holzung und Acker

Krieges- und Domänenkammer
: Preußisches Landwirtschaftsministerium in Berlin

Ordinär
: normal, der Norm entsprechend, gewöhnlich

Obrist
: Kurzform des Titels des Generaloberstleutnant von Lestwitz

Oekonom
: Wirtschaftsfachmann, hier leitende Persönlichkeit in der Landwirtschaft

Laßbauern
: abhängige Bauern, deren Land erblich, aber nicht verkäuflich war

Melioration

Worterklärung

Verbesserung des Landes durch langfristig wirkende Maßnahmen
Metze
　Hohlmaß, 3,4 Liter
Morgen
　meist Magdeburgische Morgen = 2.500 m^2
Rähn, Rähne
　höher liegender Geländerücken, auch Werder genannt
Rohr
　Reitgras, Rohrglanzgras, Mielitz, auch Werft oder Werst
Rute
　Längenmaß 3,77 m
Säkularisierung
　Überführung der kirchlichen und Klostergüter in preußisches Staatseigentum
Schwarze Küche
　im Zentrum der Mittelflurhäuser befindliche Herdfeuerstelle mit offenem Rauchabzug
Separation
　Feldflureinteilung, Einführung des rechtskräftigen Grundbuchwesens
Ziese
　gesetzliche Steuer, Akzise

Bildnachweis

Mengel, Peter Fritz
　Das Oderbruch, Verlagsgesellschaft R. Müller,
　Eberswalde 1930, 1934
　Seite: 6, 11, 32, 34

Oderlandmuseum, Bad Freienwalde, Archiv
　Seite: 8, 30

Müller
　Kunersdorf (Familienbesitz)
　Seite: 25

Prust, Margot
　Titelfoto und Bildteil
　Seite: 41 - 68

Titelfoto:
　Der Trebbinsche Freifleck

Impressum

Herausgeber:
Fördergesellschaft Albrecht Daniel Thaer
Gemeinnütziger eingetragener Verein

Autor:
Erdmute Rudolf

Redaktion:
Günter Darkow, Ute Weber
Fördergesellschaft A. D. Thaer
Hauptstraße 19-20
16269 Möglin
Tel.: (03 34 56) 3 51 64

Fotos:
Margot Prust (BVBK)

Gesamtgestaltung:
PEGASUS - Ateliergemeinschaft
Prust & Bärisch
15366 Neuenhagen
Tel:/Fax: (0 33 42) 20 11 02

Druck:
Druckhaus Berlin-Mitte GmbH

Lithos:
City-Repro Berlin

ISBN 3 - 9803835 - 3 -9

Alle Rechte sind dem Herausgeber vorbehalten.
Nachdruck nur mit schriftlicher Genehmigung des Autors.

Dieses Projekt wurde vom Ministerium für Ernährung, Landwirtschaft und Forsten des Landes Brandenburg gefördert.